I0765874

Generación Copo de Nieve

Lionel Bolnet

Autor y auto-editor:
Lionel Bolnet

Distribuidor:
www.lulu.com

Índice

Prólogo

Lejos de tratar de poner a los jóvenes contra los ancianos o a los adultos contra los adolescentes, los sociólogos occidentales quieren estudiar el comportamiento de los seres humanos y compararlo con el de sus padres. A principios del siglo XX, el sociólogo y filósofo alemán Wilhelm Dilthey definió la generación como: "Un círculo bastante estrecho de individuos que, a pesar de la diversidad de otros factores implicados, están conectados en un todo homogéneo por el hecho de que dependen de los mismos acontecimientos y cambios importantes que se produjeron durante su período de receptividad". "Esta definición, en términos más sencillos, significa que la mayoría de los seres humanos nacidos dentro de un rango de años tenderán a desarrollar comportamientos similares. Ser un niño durante la Primera Guerra Mundial, durante la conquista del espacio, o durante el apogeo de Facebook tiene un impacto inevitable en el comportamiento de los futuros adultos. Admitir que las generaciones existen y que son diferentes es el primer paso hacia una sociedad tolerante y equilibrada. Saber a qué generación perteneces permite a todos entender por qué su comportamiento no está dictado sólo por su propia voluntad. La comprensión de las generaciones ayuda a mejorar o fortalecer las interacciones humanas, ya sea entre padres e hijos, entre colegas, entre vecinos o incluso entre la empresa y el cliente.

A los niños nacidos entre 1890 y 1925 se les denomina colectivamente "Generación Perdida". Se perdió en dos sentidos diferentes: por un lado, la palabra perdido se refiere a la falta de puntos de referencia en una América o Europa cambiante. Por otro lado, la generación que vivió en esa época perdió parte de su juventud debido a la Primera Guerra Mundial. Ernest Hemingway, André Malraux o Salvador Dalí pertenecían a esta generación.

La "Generación Silenciosa" es la que nació entre 1925 y 1942. Esta generación nació entre la Gran Depresión y la Segunda Guerra Mundial. Es conocido por trabajar duro y no ser exigente, de ahí su nombre. Incluye a personas (especialmente para los Estados Unidos) que lucharon en la Guerra de Corea. Sus miembros se caracterizan por ser fatalistas, convencionales, con un sentido moral aleatorio, esperando lo peor, pero permaneciendo esperanzados. Incluidos en esta generación están: Martin Luther King Jr. Elizabeth Taylor o Silvio Berlusconi.

Un "baby boomer" es una persona nacida en Occidente durante el período de baby boom después de la Segunda Guerra Mundial. Por lo tanto, se considera generalmente que un "baby boomer" es una persona nacida entre 1946 y 1964. Tienen un carácter muy fuerte. Son muy trabajadores, pero admiten que disfrutan del ocio y el placer, especialmente de la comida y el sexo. La música de su época, el rock, los representa bien: protestante pero no anarquista. Los baby boomers son la primera generación que desconfía y se distancia de las religiones. El 33% de ellos nunca ha puesto un pie en la iglesia. Son narcisistas, pero al mismo tiempo muy solidarios y han puesto en marcha la mayoría de los movimientos de derechos civiles. Los próximos tres presidentes americanos son los baby boomers: Bill Clinton, George W. Bush y Donald Trump.

La "Generación X" es la siguiente. Los niños nacidos entre 1960 y 1976 nacieron en plena transición social, al comienzo del declive del imperialismo colonial y durante la Guerra Fría. Esta generación experimentó un punto bajo en su vida profesional, encontrando difícil encontrar trabajos estables y bien pagados. Las nuevas formas de precariedad generacional son específicas de ella. Según la clasificación de Strauss y Howe, esta generación es "nómada", lo que explica su gusto por la aventura, su cinismo y su contracultura que se opone a los baby boomers. La Generación X parece haber sido suplantada (en interés de los negocios) por la Generación Y y a veces puede ser retratada como su adversario. Entre los X famosos se encuentran Kurt Cobain, Sergey Brin (fundador de Google) o Barack Obama.

En Occidente, la "Generación Y" incluye a todos los nacidos entre 1980 y el año 2000. Percibidos como poseedores de sus propias características sociológicas y de comportamiento, son un objetivo particular en el campo de la comercialización. No han tenido que soportar la amenaza del apocalipsis de la Guerra Fría. No han conocido el mundo sin el SIDA. Eran lo suficientemente jóvenes en el momento de la introducción masiva de la informática de consumo para haber adquirido un dominio intuitivo de la misma que generalmente supera al de sus padres. Sin embargo, han experimentado la computación sin Internet. Nacieron con los inicios del interés del público en general por la ecología (que antes era la preocupación de una minoría). Para ellos, los videojuegos son un entretenimiento común, a diferencia de la Generación X, para la que a veces todavía se percibía como algo marginal. A la generación Y le gusta divertirse, no es asidua en el trabajo, se comunica fácilmente, comparte emociones fácilmente y no se queda quieta. Los famosos Ys incluyen a Mark Zuckerberg, Lady Gaga y Emma Watson.

Finalmente, la "Generación Z" es la que nació a partir del año 2000. También se les llama los "Milenios". Algunos de ellos son mayores de edad este año (2018, fecha de escritura de este libro). Siempre han conocido el terrorismo, la globalización y la Internet. Según Nicolas Sadirac, fundador de EPITECH y director general de la escuela 422, la Generación Z tiene "una relación sin complicaciones con el error". Para ellos es normal cometer errores: no demonizan el fracaso como otras generaciones". Algunos de ellos apenas comienzan a ser conocidos, como la bailarina Maddie Ziegler, Willow Smith (hija de Will Smith) y la actriz Quvenzhané Wallis.

Las generaciones Y y Z son parte de la Generación Copo de Nieve.

Definición

El término "Generación Copo de Nieve" (Snowflake Generation in inglés) es un neologismo inspirado en una sola frase corta del libro y la película "Club de la lucha" (1996 para el libro, 1999 para la película). Esta frase es "No eres un hermoso o único copo de nieve".

El Club de la Lucha cuenta la historia de un hombre inconformista que organiza, en el sótano de un edificio, luchas clandestinas abiertas a todos, para hombres que quieren evacuar su malestar por la violencia. En la película, el gerente del club clandestino, ayudado por un megáfono, grita a sus miembros: "Escúchenme, gusanos: ¡no son excepcionales! No eres un copo de nieve, maravilloso y único. Estás hecho de la misma sustancia orgánica putrescible que todo lo demás. La frase significa que cada hombre es mortal y perfectamente igual a otro.

En enero de 2017, el autor de esta novela, Chuck Palahniuk se proclama inventor del término "copo de nieve" para designar a una generación de jóvenes adultos que expresan una especie de neo-victorianismo. Para entender el término Victorianismo, hay que volver a la sociedad británica entre 1780 y 1850. Bajo el reinado de la Reina Victoria (1837-1901), Inglaterra dejó abruptamente de ser una nación agresiva, brutal, violenta, abucheadora y franca y se convirtió en una nación inhibida, tímida, educada, ordenada, mojigata e hipócrita. Esta transformación, llamada "moral victoriana", tiene el buen gusto de reducir la crueldad hacia los animales, los criminales, los locos y los niños. Al mismo tiempo, esta ola de mojigatería impone a la sociedad británica estrictos códigos morales como la abstinencia sexual, la autocensura y el miedo a la desnudez.

A principios de 2010, es el retorno de esta forma de ablandamiento de la moral lo que lleva a varios sociólogos y autores a cuestionarse a sí mismos. ¿Por qué los jóvenes adultos de los 2010 son tan cautelosos, frágiles y se ofenden por cualquier cosa?

El término copo de nieve es una buena traducción del concepto. Un copo de nieve tiene tres características innegables:

- Es guapo,
- Es frágil porque puede derretirse fácilmente,
- Es único.

Según varios sociólogos, los niños nacidos a partir de 1980 fueron, a pesar de ellos, criados en una burbuja familiar que les inculcó la idea de que eran hermosos, excepcionales, brillantes, únicos y destinados a un futuro brillante. ¿Quién les dijo esto? Por un lado, los padres de los 80 y 90, y por otro lado, la sociedad en general: los medios de comunicación, la prensa, los anunciantes.

Empecemos con los padres. Desde tiempos inmemoriales, los niños eran simplemente un daño colateral a la vida de una pareja, un accidente causado por la sexualidad. El niño, una vez integrado en la familia, fue criado rápidamente para convertirse en un adulto responsable. Se callaba cuando los adultos hablaban y obedecían. Era un satélite de sus padres y no un Sol. El niño una vez supo muy bien cómo sería su vida de adulto porque tenía el modelo justo debajo de sus narices. Ayudaba con las tareas domésticas y ayudaba a su padre con ciertas tareas. Sin ser necesariamente maltratado, el niño no fue puesto en un pedestal. Todo este modelo cambió a partir de la segunda mitad del siglo XX.

En el Canadá y los Estados Unidos, el término "padre helicóptero" se refiere a un padre que "se cierne" sobre un niño para guiarlo hacia el mejor futuro posible, o que vuela en ayuda del niño cuando surge un problema. Estos padres están muy involucrados en la vida escolar, muy cercanos a sus hijos y excelentes consejeros para ayudarles en las diferentes etapas de la infancia. Incapaces de decir que no, no enseñan a sus hijos a manejar la frustración. La existencia de estos padres estaría causada por dos factores: la sociedad occidental espera que sean amigos de sus hijos en lugar de guías, y mantiene un alto nivel de competencia que anima a los padres a participar constantemente en el éxito de sus hijos.

Los años 90 jugaron un papel muy especial. Precisamente entre la caída del Muro de Berlín y los ataques del 11 de septiembre, la década de 1990 fue un período de optimismo en Occidente. La globalización va en aumento, no hay más guerras importantes, y el dinero es el rey. La mayoría de los padres en los años 90 están mejor que cuando eran niños. Los televisores son en color y están encendidos de la mañana a la noche, sin competencia de otros dispositivos (no hay internet o smartphones). Esta televisión en color no es insignificante: sabemos que los niños se sienten más atraídos por el color que por el blanco y negro. Los anunciantes tienen un día de campo: literalmente inundan a los niños con anuncios de juguetes. Los adultos de los 90, los primeros en inventar el término rey niño, ya no saben cómo resistir los impulsos de sus hijos. El sistema comercial está bien organizado: la televisión es el primer agente provocador, luego los catálogos infantiles y los periódicos son el segundo. Finalmente, los centros comerciales y los supermercados acaban con el padre. Su hijo ya ha visto el mismo anuncio de juguetes 100 veces. El padre está en Toys'R Us, ya no puede volverse atrás porque ve a docenas de otros padres haciendo cola: tiene que comprar, tiene que ceder. Lo mejor es que, gracias al progreso de la globalización, los juguetes de los niños no son muy caros, lo que facilita que el padre ceda a la presión de su descendencia.

No es sólo la publicidad o el marketing lo que ha generado a los niños reyes. El advenimiento de la píldora anticonceptiva en la década de 1960 cambió la forma en que vemos a los niños. De una carga aleatoria, el niño se convierte en "querido". En otras palabras, a partir de los años 60, los adultos deciden si quieren un niño o no. Cuando el niño llega, ya es conocido, ya tiene un nombre, su habitación ya está pintada de azul o de rosa e incluso sabemos la forma aproximada de su cara. Este niño, si está programado, si lo desea, si lo espera, necesariamente se beneficiará de la atención de los padres en todo momento. Nunca habrá ninguna cuestión de "dejarlo llorar" o de dejarle hacer un berrinche. Es a partir de los años 90 y aún más hoy que el debate "a favor o en contra de dejar llorar a un bebé" se ensaña. Mientras que durante milenios los padres de todo el mundo han dejado llorar a los bebés (¡incluso a los que tienen hambre o cuyo pañal está sucio!), en los últimos años la prensa e Internet han bombardeado a los padres con titulares como "5 razones para no dejar llorar al bebé" o "Las 8 razones principales para no dejar llorar al bebé". Por lo tanto, el niño tiene prioridad sobre el adulto desde el nacimiento.

En los años 90 los padres desarrollaron un "Síndrome del Copo de Nieve Especial": consiste en tener la convicción de que su hijo es especial y mucho más importante que otro. También se puede llamar el Síndrome de la Revista para Padres. Empapadas de buenas intenciones, las revistas para padres jóvenes han estado haciendo copos de nieve durante años: le dicen a los padres confundidos cómo educar a sus hijos pero, al hacerlo, centran la atención de los padres en sus hijos. Lo que debería haber sido una sucesión de sabios consejos se convierte en un programa de preparación de campeones. "Aumentar su sistema inmunológico para el nuevo año escolar", "El consejo de nuestro entrenador", "¿Podemos seguir dándoles jamón?", "Su bebé es un genio", "Podemos descifrar su llanto" son los titulares de este tipo de prensa. Y todo esto se acumula encima de una manta en la que corona una foto de un bebé perfecto cuyo tiempo de retoque con Photoshop ha sido más largo que la vida del niño que sirvió de modelo.

En resumen, el padre tiene la impresión de que es el niño más inteligente y hermoso de este planeta y que, por esta razón, ¡su vida adulta va a ir como un encanto!

En un frente más amplio, la sociedad reciente ha comenzado a suavizar la moral en varios puntos y esto es digno de beneplácito. Desde el decenio de 1980, la sociedad occidental ha librado al menos diez "luchas":

- La lucha contra el racismo,
- La protección de los niños,
- Protección del medio ambiente,
- La aceptación de las personas con sobrepeso,
- Asistencia a los discapacitados,
- El significado de la homosexualidad,
- Ayudar a los necesitados,
- Ayuda a los países en desarrollo,
- La lucha contra toda la violencia física,
- La protección de los animales.

Estos movimientos eran inexistentes o embrionarios hasta mediados de la década de 1980. Luego, crecieron considerablemente de año en año. Para tener una idea de lo nuevas que son estas peleas, tomemos algunas fechas.

La lucha contra la brujería comenzó en los decenios de 1960 y 1970 en los Estados Unidos. Un "fat-in" (de sit-in y fat, big) tuvo lugar en Nueva York en 1967 y la National Association to Advance Fat Acceptance (NAAFA) fue fundada en 1969. En Francia, la asociación Allegro Fortissimo se fundó en 1989. Su objetivo es luchar contra la discriminación de las personas de gran estatura.

En 1971, Francia creó por primera vez un Ministerio de Ecología.

En 1976, la Sociedad para la Protección de los Animales (SPA) presentó la "carta de los animales" a la Asamblea Nacional, con el apoyo de Roland Nungesser, que más tarde se convirtió en uno de los presidentes de la asociación. En 1982, comienza la publicación de la Revista Animaux, que le permite realizar campañas a mayor escala. En 1987, se creó un grupo de estudio parlamentario para la protección de los animales en la Asamblea Nacional gracias a Roland Nungesser, su presidente de entonces.

Band Aid es el nombre del grupo anglosajón creado en 1984 por iniciativa de Bob Geldof y Midge Ure, para ayudar a las víctimas de la hambruna que entonces asolaba Etiopía.

We Are the World es una canción benéfica grabada por el supergrupo americano USA para África en 1985. Está escrito por Michael Jackson y Lionel Richie, y coproducido por Quincy Jones y Michael Omartian en el álbum We Are the World. El single tiene por objeto recaudar fondos para luchar contra la hambruna en Etiopía. El histórico evento reunió a algunos de los artistas más famosos de la industria musical americana de la época.

No toques a mi amigo es el eslogan oficial de la asociación francesa SOS Racismo. Fue lanzado en el concierto de SOS Racismo de 1985.

Fundada por Coluche en 1985, Les Restos du coeur, asociación reconocida de utilidad pública, "tiene como objetivo ayudar y prestar asistencia voluntaria a los desfavorecidos, en particular en el ámbito de la alimentación, mediante el acceso a comidas gratuitas, y participando en su integración social y económica, así como en todas las acciones contra la pobreza en todas sus formas".

El 10 de julio de 1987 se promulgó la Ley N° 87-517 en favor del empleo de los trabajadores discapacitados (DO N° 160), que obliga a las empresas de más de 20 empleados a emplear al 6% de ellos, ya sea a tiempo completo o parcial. La AGEFIPH (Asociación Nacional para la Gestión del Fondo para la Inserción Profesional de Personas Discapacitadas) fue creada para gestionar el fondo para la integración de las personas discapacitadas.

Los derechos del niño son una rama de los derechos humanos que tiene por objeto la protección específica del niño como ser humano por derecho propio. Son objeto de varios tratados nacionales e internacionales, el más importante de los cuales es la Convención sobre los Derechos del Niño (CDN), adoptada por la Asamblea General de las Naciones Unidas el 20 de noviembre de 1989.

La Organización Mundial de la Salud eliminó la homosexualidad de la lista de enfermedades mentales en 1990. El 15 de noviembre de 1999, el Parlamento francés aprobó la ley sobre el PACS, una forma de unión civil que otorga ciertos derechos y deberes a las parejas homosexuales y heterosexuales, manteniendo un espíritu universal.

Por lo tanto, hay un conjunto de pruebas de una conciencia colectiva de las luchas sociales y ambientales que se han librado desde los años setenta y ochenta, con un fortalecimiento en los años noventa y 2000. ¡Y esto es muy bueno!

Pero el problema es que estas luchas han estigmatizado permanentemente los términos, las palabras. Conceptos enteros se han convertido en tabú. Hay un antes y un después para muchos términos de la vida cotidiana.

Tomemos la palabra "negro". Esta es una palabra que debería referirse a una persona con piel oscura y/o rasgos físicos africanos. El término, en sí mismo, no es insultante. Pero en la década de 1980, la población francesa, especialmente la población blanca, tuvo que acostumbrarse a aceptar a los negros en la sociedad. El movimiento antirracista de la época quería indicar con razón que un hombre negro no debía ser tratado de manera diferente a un hombre blanco, ya fuera por la policía, su empleador, sus vecinos o cualquier otra persona. La otra cara de la moneda es que, para todos los niños nacidos en los años 80 y 90, la palabra francés "Noir" (negro) se ha convertido en un tabú. En su lugar, la palabra inglés "Black" ha venido a su rescate. Y, por cierto, ¡el negro y el Black no son la misma persona! Un negro es una víctima de piel oscura del racismo, mientras que un Black es un joven francés normal que se parece a Will Smith.

En un artículo de Libération del 10 de diciembre de 2007, la periodista Catherine Mallaval explica cómo la corrección política de los años 90 y 2000 condujo a la eliminación de términos que hoy en día se han vuelto demasiado chocantes. Por ejemplo, "oceanizar" un barco reemplaza "hundir un barco, u otra basura, de la que queremos deshacernos."

También existe el término "golpe quirúrgico" en lugar de "batalla", "personas con movilidad reducida" en lugar de la horrible palabra "discapacitado", "persona con discapacidad visual" en lugar de "ciego", "técnico de superficie" en lugar de "barrendero", "cajera anfitriona" para dar garbo a la función de cajero. Cuando las empresas despiden a su personal, se "reestructuran". Cuando las personas están desempleadas, se convierten en "buscadores de empleo" y cuando alguien se suicida en las vías del RER (metro), es un "incidente de viajeros".

Este tipo de aplanamiento de palabras hizo que los franceses que los vieron sonrieran y enojaran a sus padres. Pero la generación que nació dentro encuentra este vocabulario bastante normal. Son los copos de nieve. Han sido tan protegidos del mundo exterior que incluso su vocabulario está envuelto en plástico de burbujas para evitar que hagan daño a alguien.

Pero todo este sentimentalismo podría haber pasado desapercibido sin un invento que apareció a principios del siglo XXI: las redes sociales.

- El 4 de febrero de 2004, Mark Zuckerberg fundó Facebook.
- El 21 de marzo de 2006, Jack Dorsey fundó Twitter.
- El 6 de octubre de 2010, Kevin Systrom fundó Instagram.

Las redes sociales son el microscopio de la sociedad contemporánea. Gracias a ellos, cualquiera en este planeta puede tener una plataforma y dar su opinión en voz alta. Con Twitter en particular, Barack Obama o tú y yo tenemos el mismo peso. Los ciudadanos anónimos pueden derribar a una celebridad o demoler la reputación de una marca o una película. Si las redes sociales no existieran, los copos de nieve se ofenderían a menudo, pero en silencio. En cambio, se quejan delante del mundo.

El 8 de enero de 2018, la multinacional H&M incluye en su catálogo una sudadera con capucha verde con la inscripción "El mono más guay de la selva" en letras blancas. La frase significa "El mono más genial de la selva". Sí, pero en la página web, el niño que lleva la sudadera es negro. La protesta es inmediata. En las redes sociales, la cadena de tiendas se inunda de mensajes de indignación, los jóvenes insultan a H&M y utilizan el término que prefieren para todas las ocasiones: "¡Racista!" Para aquellos que no hablan el idioma de los copos de nieve, analicemos lo que pasó. En primer lugar, está la inscripción: contiene la palabra "mono" en inglés. Este animal tiene una connotación negativa que un tigre o una perdiz, por ejemplo, no tendría. En segundo lugar, el niño es negro, y el insulto de llamar monos a las personas negras es un viejo hábito que ha sido, de hecho, el coto de los racistas durante siglos. Peor aún, es una sudadera con capucha, símbolo de una juventud suburbana poco atractiva, a menudo de origen inmigrante. En la imaginación popular, la sudadera con capucha que lleva una persona blanca significa que es un hacker informático y la que lleva una persona negra significa que es un alborotador suburbano.

El caso del "Mono más genial de la selva" fue muy perjudicial para la marca. Bajo el diluvio de críticas, la marca se vio obligada a disculparse públicamente y a retirar la sudadera de la venta. ¿Por qué este caso es un caso de copos de nieve? Bueno, porque contiene todos los elementos distintivos:

- Amalgama entre una causa grave y un caso ligero sin impacto,
- Las redes sociales,
- Autocensura y una disculpa pública de la compañía.

Sin embargo, la lucha contra todas las formas de racismo no es una cuestión de una sudadera banal.

Por suerte, la generación de los copos de nieve sabe cómo burlarse de sí misma: en los meses que siguieron al asunto, varios pequeños empresarios inteligentes compraron las existencias de la desafortunada prenda para revenderla en ebay, ¡a veces por 2.000 euros cada una! Desde entonces, otras sudaderas similares han sido producidas por otras compañías para surfear, por provocación, en la ola de este asunto.

Ya el 13 de enero de ese año, la madre del niño que fue vista con la sudadera en el sitio web de H&M, Terry Mango, habló y dijo: "Esta sudadera es una de los cientos de prendas para las que mi hijo ha modelado. Deja de llorar como un lobo todo el tiempo. No hay material. Lo superará."

Lo peor es que la excesiva representación de negros y mestizos en la publicidad es precisamente un subterfugio que las empresas han adoptado para darse una imagen de sociedad abierta. Se llama "blackwashing", literalmente "pasar por la máquina del negro". Hoy en día, haz el ejercicio: ve a cinco sitios web de empresas famosas y mira el color de la persona que ves primero.

La publicidad de H&M es sólo un pequeño ejemplo en la masa de "publicidad retirada" de los últimos cinco años. Las dos razones más utilizadas son "la publicidad considerada racista" y "la publicidad considerada sexista". Incapaz de entender los mensajes subyacentes de los carteles, la generación más joven grita, templa y se queja de cada anuncio que les choca. En un momento dado bastaba con no mirar el cartel, pero hoy en día "exigen la retirada" del objeto en cuestión y lo consiguen. Los jóvenes han encontrado incluso un término para su tendencia a ver el racismo y el sexismo en todas partes. Lo llaman "racismo ordinario" y "sexismo ordinario". Significa "Estoy sorprendido porque hay un tipo negro en este anuncio de pollo" o "Ayuda, hay un escote en este anuncio".

En 2004, Häagen-Dazs eligió mostrar a una mujer negra comiendo helado de chocolate negro y a una mujer blanca comiendo chocolate blanco. Los copos de nieve casi tuvieron un ataque al corazón.

En 2007, el fabricante de procesadores Intel muestra a un hombre blanco satisfecho con el desempeño de sus empleados: son caricaturizados por los velocistas negros. Su postura es la de los atletas que se preparan para comenzar una carrera, así que se inclinan hacia atrás, apoyándose en sus manos. Los copos de nieve ven esto como una forma de sumisión del hombre negro al hombre blanco.

2016. Publicidad de ropa de GAP. Una joven blanca se apoya en su amiga, que es negra. La escena se ve como "una chica negra sirve de descanso para los codos de una chica blanca". Internet se incendia y Gap se ve obligado a disculparse. Irónicamente, un año antes, un anuncio de Gap casi idéntico pasó completamente desapercibido...

En mayo de 2016, la marca china de lavandería Qiaobi presenta a un pintor de casas negro que una mujer china cachonda pone en su lavadora. El joven sale limpio como un penique... y chino. No seamos ciegos: lo que es chocante es la idea de que un hombre negro ya no es negro después de un lavado. ¿El color de la piel de un hombre negro es sucio? ¿Pero por qué no deberíamos tomarlo tan mal? Para empezar, esto no es un anuncio occidental. Es un anuncio chino y el hecho de conocer a un pintor de casas negras es una ficción allí. En segundo lugar, es un anuncio diseñado para ensalzar los méritos de la ropa, un producto cuya principal función es hacer la ropa blanca. Por lo tanto, la línea se ve obligada a ilustrar el poder del polvo de lavar. Si miramos bien los ojos de la joven: incluso antes de poner el negro en la máquina, ya parece muy excitada sexualmente por el pintor. Entonces, ¿dónde está el racismo ya que no muestra ningún asco hacia el carácter negro? Este caso es, por lo tanto, el encuentro brutal entre la falta de tacto de algunos y la falta de inteligencia de otros.

Los anunciantes quieren sorprendernos con todo esto. ¿Y qué si lo hacen? ¡Sacudidlo, chicos! Son comerciales: están hechos para llamar la atención y el comentario.

Queríamos hacerlos conscientes, pero, al final, son demasiado sensibles. Estos jóvenes, a los que se les dijo que no fueran racistas, sexistas, contaminantes, despectivos, homofóbicos, lo entendieron todo bien, o, mejor dicho, lo entendieron demasiado bien. Esta educación ha tenido dos víctimas colaterales: el humor y la resistencia.

El 15 de marzo de 2018, comienza a emitirse el primer programa de la nueva temporada de American Idol en la ABC, grabado en otoño. El espectáculo presenta a Benjamin Glaze, entonces de

19 años, que fue audicionado por el jurado compuesto por Katy Perry, Lionel Richie y Luke Bryan. Antes de que el chico nacido en Oklahoma comenzara su canción, el jurado le preguntó, en referencia al éxito de Katy Perry lanzado en 2008, si alguna vez había besado a una chica. Benjamin Glaze responde con una sonrisa: "No, nunca he tenido una novia". Luego Katy Perry, de 33 años, le pide que se acerque a la mesa del jurado y, con un humor típico de este tipo de espectáculo, le da la mejilla para besarla, antes de sorprenderla con un beso en la boca. El joven sigue sonriendo, pero parece preocupado, y luego hace una actuación mediocre. En la Web, los copos de nieve americanos se están volviendo salvajes. El beso de Katy Perry se considera acoso sexual. El cantante es incluso comparado con Harvey Weinstein (un productor conocido por abusar de su poder sobre las mujeres en el mundo del espectáculo). El joven mismo no entiende la emoción. Admite haber estado incómodo, pero no se considera agredido sexualmente.

Humor

Si hay una disciplina que ha sido a expensas de la educación sobre los copos de nieve es el humor. El diccionario nos dice que el humor, en el sentido más amplio, es una forma de ingenio burlón "que busca enfatizar el carácter cómico, ridículo, absurdo o inusual de ciertos aspectos de la realidad.

Criada en medio de los temas serios antes mencionados, una generación entera se encuentra incapaz de reír, porque cree que reír es reír.

Tienes que entenderlos. Cuando les explicas incansablemente que tienes que respetar a todos, independientemente de su apariencia, ¿cómo esperas que se rían de un sketch de Coluche o Les Inconnus?

En los años 90, Didier Bourdon, Bernard Campan y Pascal Légitimus, más conocido como la compañía "Les Inconnus", se burlaron de la sociedad francesa. La Francia de la época, se ríe a carcajadas. Todo el mundo pasa por ello: policías, cazadores, médicos, enfermeras antillanas, jóvenes de los suburbios, cantantes de variedades... Les Inconnus señalan con humor lo que todo el mundo ya ha visto en su vida. Su talento hace posible reírse sin estigmatizar a nadie. En el sketch "El hospital", los tres hombres están disfrazados de enfermeros antillanos: cara y cuerpo ennegrecidos con betún de zapatos, mimetizan exageradamente la supuesta despreocupación de los franceses de ultramar caminando suavemente, con las manos apoyadas en sus caderas. Con un estereotipado acento ultramarino, los tres comediantes (uno de los cuales es hijo de un antillano) se apoyan, sin insultar, en el cliché de la mamá negra que trabaja en los servicios públicos. En ese momento, los franceses, incluidos los antillanos, se reían de este sketch.

Hoy, olvídate de ese sketch. Ninguna estación de televisión se atrevería a emitirlo. ¿Por qué no? ¿Por qué no? Se ha vuelto "racista" en sólo 20 años. Contiene todo lo que está prohibido por el "nuevo orden moral": el encerado, también llamado Blackface, el acento falso y el andar despreocupado. El peor de los tres es "Blackface", que en francés se dice "grimage en Noir" o "maquillaje en negro", una forma teatral americana de grimage o maquillaje que se practica en los espectáculos de juglares y luego en el vodevil, donde un actor blanco interpreta una caricatura estereotipada de una persona negra. Después de crecer en popularidad en el siglo XIX en los Estados Unidos, la cara negra se distinguió del espectáculo de juglares y se convirtió en una práctica por derecho propio a principios del siglo XX, hasta que desapareció en la década de 1960 a raíz del movimiento afroamericano de derechos civiles.

En 1976, Coluche se hizo ver negro en uno de los personajes que interpretó en su sketch de culto burlándose de la Schmilblick; este sketch se conoce como La Schmilblick.

En 1988, el comediante Michel Leeb se maquillaba de negro en la obra "Ténor".

¿Por qué era esa cara negra en los 80 cuando está tan mal vista hoy en día? La razón radica en la globalización y las asociaciones. Es la historia sulfurosa de la cara negra en los Estados Unidos que terminó en Francia. Cuando Coluche usa maquillaje negro, los franceses no conocen la historia de esta práctica y simplemente entienden el lado humorístico de la misma. Pero hoy en día, la influencia de América es muy fuerte e incluso sin tener un problema con la cara negra, estamos impactados.

La otra causa del escándalo es la actividad de las asociaciones minoritarias. Su trabajo puede parecer noble, pero hace mucho tiempo que han caído en una forma de dictadura del pensamiento e incluso del derecho a pensar. El CRAN, el consejo representativo de las asociaciones de negros en Francia, por ejemplo, como otras asociaciones del mismo tipo, posa como combustible para la generación de copos de nieve. En cualquier ocasión, se levantan y exigen la censura de tal o cual obra, tal o cual publicación.

El 22 de marzo de 2014, la columnista de televisión Valérie Bénaïm se disfraza de cantante de "La Compagnie Créole" antes de llegar en el estudio del famoso programa de televisión "Touche Pas à Mon Poste" (No toques mi televisión, en francés). Para parecerse a una mujer caribeña, la joven se ha maquillado la cara en marrón oscuro. La protesta fue inmediata. Es uno de los primeros escándalos de cara negra en Francia. Los pequeños copos de nieve que la atacan en las redes sociales son simplemente franceses imitando a jóvenes americanos.

El 27 de diciembre de 2017, tras la publicación del cartel de la nueva edición del Festival de Cine Fantástico de la Reunión, "Même pas peur", que muestra a dos mujeres siamesas pintadas de negro, su directora, Aurélia Mengin, fue acusada de ser negra por el CRAN, que le pidió que retirara su cartel y la amenazó con acciones legales. Este es un ejemplo muy serio porque muestra cómo la censura moral está volviendo a aparecer utilizando los tribunales como instrumento.

También en 2017, el jugador del equipo de fútbol francés Antoine Griezmann provocó una protesta publicando una fotografía de sí mismo con una peluca afro y vestido como un jugador de baloncesto de Nueva York. En las redes sociales, el escándalo es total: los usuarios de Twitter, Instagram o Facebook, es decir, en su mayoría jóvenes nacidos después de 1980, están indignados. La esfera de los copos de nieve no puede digerir el hecho de que un hombre blanco se disfraza de negro. Y, sin embargo, es sólo humor. De pie, vestido con un traje de baloncesto (a menudo son negros), tiene una pelota en la mano. Su postura es digna y deja claro en la leyenda que va a una fiesta de disfraces con el tema "Fiesta de los 80". Por lo tanto, el tributo no se reconoce como tal, sino que se confunde con el insulto. Por lo tanto, estos jóvenes carecen de educación humorística.

En los Estados Unidos y Francia ha habido otros incidentes en los últimos años que podrían denominarse "copos de nieve". Todas las culturas nos piden que dejemos de imitarlas: chinos, japoneses, indios americanos, polinesios...

¡Los días en que los niños se vestían como niñas chinas, bailarinas hawaianas o Heidi han terminado! Si tomas la iniciativa de rendir homenaje a los hermosos vestidos de seda roja de las mujeres chinas, eres un racista. Si eres blanco, pero te trenzas el pelo, eres un racista.

Ya ni siquiera sabemos qué es racista y qué no lo es. En 2013, después de su exitosa película "Snow Queen", Disney es acusado de glorificar la belleza de las mujeres blancas. Sin embargo, cuatro años antes, tras el estreno de "La princesa y la rana", en la que aparece una joven heroína negra, la comunidad afroamericana estaba indignada por la representación de los negros en el largometraje.

En 2016, Disney reitera su tributo a las culturas de todo el mundo con Vaiana/Moana, pero todavía se enfrenta a una susceptibilidad fuera de lugar. Uno de los personajes principales de la película, Maui, se inspira directamente en una de las grandes figuras de la mitología polinesia. Cuando se muestran las primeras imágenes de la película en junio de 2016, la aparición de Maui, retratada como obesa, provoca muchas críticas de los polinesios, que ven en esta elección gráfica el resurgimiento de un cliché insultante y discriminatorio (asimilado a "fat-shaming", un cómic que se burla de las personas con sobrepeso), en una región donde los problemas relacionados con la obesidad son frecuentes.

A veces las generaciones más jóvenes ya no se entienden. Así, de 1994 a 2004, una serie mítica e imperdible, Friends/Amigos, hizo reír a millones de jóvenes con sus 236 episodios. La serie educó a los jóvenes de esa época (probablemente nacidos entre 1982 y 1992) abordando temas tan variados como el amor, la amistad, la sexualidad, la fama, la traición, el orgullo, el trabajo, la familia, la homosexualidad, la paternidad, el dinero, la música, éxito, fracaso, confianza en sí mismo, flirteo, gestión del estrés, solidaridad, salud, embarazo, muerte, rechazo, obesidad, deporte, situaciones embarazosas, animales, comida, trastorno obsesivo-compulsivo, divorcio, desempleo o infertilidad.

La serie no se ha emitido durante años, cuando Netflix decidió ponerla en su catálogo en 2017. Y ahí está el shock: una nueva generación se encuentra frente a Friends. Los copos de nieve ven esta serie emitida en el momento de su nacimiento y tienen náuseas. Para ellos, Friends sería sexista, homofóbico, transfóbico e incluso asqueroso. Inadaptados al concepto de humor, mal educados por padres sobreprotectores, influenciados por las luchas actuales como la lucha contra la discriminación, los jóvenes nacidos después de 1990 no entienden la serie. No es que no lo encuentren divertido; no sería muy grave. No. Están conmocionados. Los jóvenes del Reino Unido, en particular, se sienten incómodos con los episodios de esta serie. Ross es descrito como homofóbico por aquellos que no entienden la narrativa de la serie: este personaje está amargado con su ex-mujer porque se casó con una mujer después de su divorcio.

Chandler también es señalado porque cuando Joey lo toma en sus brazos, pone una cara que se considera "homofóbica". Como si no pudiéramos aceptar la homosexualidad y no nos gustaran los abrazos masculinos.

Según la revista Cosmopolitan, para Joey, "cada mujer es una conquista antes de ser un ser humano". En varios episodios, trata a las mujeres como objetos. En el primer episodio de la serie, Joey compara a las mujeres con los "sabores del helado" e invita a Ross a "ir a buscar una cuchara". El problema con este personaje altamente coqueto que es Joey es que, hoy en día, casos como los de DSK, Harvey Weinstein o el comportamiento vulgar de Trump han cambiado el trato en la relación entre hombres y mujeres. En los 90, Joey era un payaso coqueto porque se creía entonces que la relación entre hombres y mujeres era saludable. Pero en 2017/2018, con los arrebatos denunciados por los movimientos #MeToo y #BalanceTonPorc, esta relación es catastrófica! Seamos claros: no es culpa de las generaciones actuales si la relación entre hombres y mujeres es mala. Incluso debemos señalar la edad media de los hombres objeto de la ola de denuncias de acoso sexual: generalmente son hombres de más de 40 años. Los movimientos para denunciar a hombres sexistas o asaltantes no son caprichos de un copo de nieve. Por el contrario, son pasos indispensables para acabar con la sensación de impunidad. Pero tenemos que tener en cuenta las cosas: el personaje de Joey en Friends o el de Barney en How I Met Your Mother/Cómo conocí a tu madre/Cómo conocí a vuestra madre no deben ser tomados por lo que no son. Son seductores, no agresores.

La generación de los copos de nieve tendrá que aprender a distinguir entre la gravedad de una pelea y la ligereza de una producción artística o humorística. Sería una terrible falta de inteligencia agrupar a Harvey Weinstein y Joey Tribbiani. La generación más joven no puede simplemente estar indignada por todo lo que ve. Si lo son, es un fracaso de las generaciones anteriores. En la serie Friends, Mónica es un personaje que superó la obesidad en su adolescencia para convertirse en una joven flaca. Bajo ninguna circunstancia debemos creer que los pasajes que evocan su obesidad son episodios de grosería. Por el contrario, la moraleja de esta serie es el coraje para enfrentar la obesidad y la mirada de los demás. Decir que Friends es una serie groseramente fóbica es, por lo tanto, un atajo que debe evitarse.

Finalmente, la famosa serie se llama racista por la única razón de que todos los personajes principales son blancos. Esto, en cambio, no sorprendió a nadie cuando las series La hora de Bill Cosby/El show de Bill Cosby o Family Matters/Cosas de casa/Todo queda en familia sólo presentaba a afroamericanos.

Al conspirar contra una serie de blancos, los copos de nieve se vuelven racistas. En realidad, la supuesta blancura de los personajes de Friends nunca aparece en el guión de la serie: los actores son blancos en la imagen, pero nada refuerza esto en la línea de la historia.

El deslizador de lo tolerable en términos de humor sube un poco más cada día. Estamos presenciando una Dieudonnización: el desarrollo de una intolerancia a una forma de humor, de la noche a la mañana. Aunque odiemos el resultado de las palabras de Dieudonné, debemos admitir que el movimiento anti-Dieudonné es el primer acto de control de nuestra risa. Por primera vez, con este asunto, a finales de 2013, el gobierno francés, dirigido por Manuel Valls (no es un copo de nieve en absoluto desde que nació en 1962), está diciendo a los franceses lo que es humor y lo que no lo es.

Lo que hay que tener en cuenta es que cada área de la mente está siendo gradualmente prohibida. La creatividad se está extinguiendo. Los copos de nieve no son actores de la censura, son víctimas de ella. ¿Quién está en los controles? Medios de comunicación subvencionados, políticos, líderes comunitarios y redes sociales.

La dirección que está tomando la sociedad francesa es la reducción gradual de la libertad de expresión bajo el peso de la organización de censura conocida como Twitter.

¿Pero de qué se ríen? La generación más joven no está enfadada con el humor, pero no quieren oír nada más que sea un "detonante", es decir, un desencadenante de la incomodidad. Por ejemplo, un comediante de hoy en día no puede permitirse el lujo de tirar del borde exterior de sus ojos para imitar a un hombre chino, ni puede evocar la cintura de Mimie Mathy o usar una peluca rasta.

En cualquier caso, para seguir el espectáculo de un comediante, hay que estar concentrado, algo de lo que esta generación no es muy capaz.

En comparación con las generaciones anteriores, el tiempo de concentración de los copos de nieve se ve perjudicado por las exigencias visuales y sonoras de este siglo. Los televisores, los teléfonos inteligentes, los relojes inteligentes o los carteles de las calles sobrecargan su atención. Esta es la generación del "notificador" (notificación). Sus cerebros están constantemente esperando la próxima notificación. Incluso durante una conversación entre dos personas físicamente cercanas, una de ellas puede tener que coger su smartphone para comprobar si hay una notificación. Por primera vez en la historia del cerebro humano, lo que sucede a lo lejos es más importante que lo que sucede delante de ti. Un joven de hoy es capaz de interrumpir una conversación con los que le rodean para decir: "Hubo un terremoto en Indonesia, ¿lo viste?

Esta falta de atención requiere una revisión de todas las sociedades. El mundo debe adaptarse a estas personas cuya atención debe ser constantemente recapturada. Por ejemplo, ya no debemos hacer "presentaciones de diapositivas" sino "discursos clave": son discursos que tienen por objeto mantener despierto al público. Ya no deberíamos hacer "discursos" sino "narraciones", es decir, envolver la información que queremos transmitir en una emocionante historia de ficción. La narración de historias consiste en tratar de crear una o más historias con un fuerte poder de seducción y convicción dentro de las organizaciones o el público. Estas historias, que pueden ser simples anécdotas o discursos enteros, se utilizan para transmitir mensajes complejos de manera más eficaz, basándose en el principio de que "la emoción te hace más receptivo".

En este mundo ultraconectado, hay ladrones de atención. Son las pequeñas e inútiles notificaciones diarias como Facebook diciéndote "uno de tus amigos va a asistir a un evento cerca de ti", LinkedIn diciéndote "¿has pensado en actualizar tu perfil este año? "o una aplicación de prensa online que te dice que "Neymar va a cambiar de club de fútbol".

Estos ladrones del tiempo del cerebro deberían ser erradicados. Aunque estas aplicaciones son útiles, es importante entrar en la página de configuración del teléfono para desactivar la mayoría de estas notificaciones. Pocas notificaciones son importantes. Recibir una notificación para saber que hay un fallo en una línea RER que nunca se toma es totalmente estúpido.

Resiliencia

En psicología, la resiliencia es el fenómeno de poder volver de un estado de estrés postraumático. Pero sin llegar a la noción de estrés o trauma, podemos hablar de resistencia para calificar la capacidad de recuperación de un delito.

Hay dos maneras de verlo: o bien los copos de nieve tienen una lista más grande de temas que pueden ofenderlos, o su capacidad de recuperación es más débil. Probablemente es incluso la suma de los dos problemas.

Esta generación, que se siente ofendida, irritada, triste u ofendida por el más mínimo acontecimiento que no vaya en su dirección, está particularmente compuesta por jóvenes nacidos después de 1990, los "Milenarios". Un subgrupo de copos de nieve, los

Millennials son las personas que se definen como lo suficientemente jóvenes para haber vivido para siempre en el mundo posterior al 11 de septiembre. También han tenido siempre un ordenador en casa y no recuerdan la vida sin Internet.

No sólo odian ser ofendidos, sino que les gustaría que el mundo a su alrededor se ocupara de ellos. Pueden ser caricaturizados como jóvenes hechos de azúcar, rodeados de plástico de burbujas, con lágrimas en los ojos en todo momento.

Es porque, habiéndolos sobreprotegido, sus padres se olvidaron de prepararlos para las limitaciones y el mundo exterior. Su infancia no es una sesión de entrenamiento para la vida adulta. Por el contrario, su infancia está cuidadosamente diseñada para rodearlos con un capullo. Cuando este capullo se rompe, normalmente a mediados de los veinte años, el shock es severo. Se enfrentan al carácter de los demás, a la procedencia social de los demás, al mundo del trabajo, al mundo de los negocios en general, a los impuestos...

La periodista y escritora Claire Fox dice que la generación más joven no pretende ser frágil y estar conmocionada por todo. Realmente lo son porque sus padres y las escuelas han eliminado todas las formas de riesgo y peligro en su infancia. En Francia, por ejemplo, está prohibido llevar un pastel a los compañeros de la guardería o de la escuela primaria si es "hecho en casa" porque se desconocen el método de preparación y los ingredientes. En Escocia, una escuela quiso cambiar el color de su uniforme, el rojo, ¡porque se sospecha que el color rojo haría a la gente hiperactiva!

Sin estar preparados para la vida real, los copos de nieve se encuentran en grandes dificultades en el trabajo. Se les pide que se prueben a sí mismos mientras que en la infancia fueron alabados por sus padres todo el tiempo. Se les da un salario que los aflige mientras que sus padres solían cubrirlos con dinero de bolsillo. Se les pide que paguen impuestos cuando sus padres nunca les pidieron que barrieran.

A esta generación no le gusta ser "criticada" o cuestionada. También podría decirse que los gerentes no saben dónde están parados. A medida que esta generación ha comenzado a ocupar su lugar dentro de las empresas, los códigos de gestión se están sacudiendo poco a poco. ¡De hecho, es evidente que no es posible "manejarlos" de la misma manera que la generación anterior! Mientras que la gente que fue a trabajar en los años 50/60 aceptó su destino filosóficamente diciendo "Dejo mi vida a un lado durante 8 horas para ganarme el pan", la generación de los copos de nieve quiere venir a la oficina con motivación y un gran salario. Los jóvenes de hoy en día no dejan nada de lado cuando vienen a la oficina: quieren ser tratados con dignidad, y sentir que realmente están produciendo algo para el futuro del mundo y de la empresa, así como para su propio futuro. No decimos que esté mal, pero es nuevo, de todos modos.

Para no herir su ego, los gerentes deben dejar de dar órdenes transformándolas sutilmente en consejos.

Un joven actual al que le dicen "el trabajo que me devolviste es realmente patético". "llega a casa sollozando, derrama su odio por su jefe en las redes sociales, y luego piensa en dejarlo. Para evitarlo, los actuales directivos (algunos de los cuales ya son copos de nieve) optarán en su lugar por la frase "Es realmente genial lo que has hecho, pero te mostraré lo que puedes hacer para mejorarlo para mañana".

Las generaciones más jóvenes también están acostumbradas a una forma regular de recompensa. Los videojuegos, la escuela o los padres son responsables de este sistema de recompensa permanente. Un niño en los 90 nunca espera mucho tiempo para ser recompensado. Cuando llegan a la empresa, esperan el mismo tratamiento. Cuando se les dice "esperen hasta el año que viene para un aumento", se molestan tanto que parece que un año dura un siglo.

Nacido en gran parte después del teléfono y poco antes de Internet, los copos de nieve son muy comunicativos. No pueden soportar la falta de respuesta a un correo electrónico, que consideran una verdadera afrenta. Para evitar esto, es muy importante que las empresas establezcan mensajería instantánea y reuniones físicas.

El lugar de trabajo debe ser un lugar de encuentro físico. Las generaciones más jóvenes no lo llaman "lugar de trabajo" sino que lo ven como un "lugar de encuentro para los colegas". Las empresas han entendido esto y por lo tanto han inventado una nueva disciplina: QWL (Quality of working life). La "Calidad de Vida en el Trabajo" es el conjunto de medidas que tienen como objetivo hacer que el tiempo que se pasa en el lugar de trabajo sea agradable. Las generaciones anteriores no lo necesitaban. Los nacidos después de 1990 lo exigían: colores brillantes, buena temperatura en las oficinas, fuente de agua mineral, grandes ventanas, baños limpios, lugar para aislarse, sala de descanso, futbolín, plantas verdes, Wi-Fi, consola de juegos, cafetería, comida gratis son algunos de los trucos de bienestar que las empresas han puesto en marcha para atraer y retener a los jóvenes. Incluso se ha creado una función: el oficial de la felicidad es el papel que desempeña la persona que implementa estos elementos de bienestar. En las grandes empresas, estas personas son dirigidas por un "Gerente de la Felicidad".

El trabajo es el primer lugar en sus vidas donde sus padres sobreprotectores ya no pueden hacer nada por ellos. En la escuela, solían conseguir que sus padres intervinieran contra esta institución. Sabemos muy bien que desde los años 80, los padres vienen a gritar (o a golpear) a los profesores cuando su hijo tiene una mala nota. Algunos niños son capaces incluso de amenazar a un profesor con la frase "Voy a decírselo a mis padres", mientras que en las generaciones anteriores la amenaza se invertía: "¡Si esto continúa, se lo diré a tus padres! "mostró una forma de solidaridad entre adultos. ¡Cuando llegas al trabajo, el shock es severo y el padre ya no puede hacer nada!

Fuera del contexto profesional, la observación es la misma. Snowflake quiere que lo acaricien en la dirección del cabello todo el tiempo. En lugar de soportar lo que la sociedad le dice, Copo de Nieve quiere que la sociedad se adapte a cada individuo para evitar hacerle daño. Vemos muchos artículos tontos en los periódicos con titulares como "No quiero niños, y desearía que la gente dejara de pedirme justificaciones" o "Nuestra edad te hace sentir mal". Estos titulares me hacen decir "oh, pobre repollo viviendo en un país pacífico, sí tú ahí, en tu sofá con tu iPhone en la mano, pobre repollo".

En las universidades estadounidenses, pequeños grupos de estudiantes que se declaran "vulnerables" afirman que podrían "ofenderse" por los comentarios de un determinado orador invitado, de modo que se cancelaría la intervención de éste.

Esta generación, criada lejos de las guerras, por padres que a su vez fueron criados lejos de las guerras, literalmente se quejan de nada, hay que admitirlo. Afortunadamente, no deberíamos desear el regreso de las guerras. ¿Pero qué pasa con estas personas que pasan sus vidas encontrando el mundo a su alrededor estresante, opresivo y agresivo?

Estos jóvenes tienen metas. Metas de vida. Objetivos de la carrera. Se encuentran frustrados por el desarrollo de la vida cotidiana. Dicen: "Tendré un yate y nada de niños". Otros dicen: "Cuando tenga treinta años, me casaré y tendré un gran coche. O "Seré el director de una gran empresa". Pero sus padres olvidaron recordarles que no era suficiente con querer tenerlo. Normalmente la debacle ocurre alrededor de los 30 años. De cero a 20, fueron mimados. De 20 a 30 años, lo pasaron mal y encontraron a "todos los malos". A los 30 años, se encuentran haciendo un balance y diciendo "no funcionó como yo quería".

En cierto sentido, es lo contrario del pensamiento de la generación anterior. No creían en nada especial y sin embargo les fue bien en la vida. Construyeron el mundo en el que vivimos hoy en día sin haberlo soñado de antemano, como Steve Jobs o Bill Gates. Mientras que la generación de los copos de nieve quiere convertirse en Bill Gates, pero trabajando 35 horas a la semana y 200 días al año. T.

Cansados de no hacer exactamente lo que planeaban, copo de nieve gime en voz alta, pero se regocija en su alegría y repite o amplifica sus éxitos en las redes sociales. Utiliza su perfil de Instagram para mostrar sus restaurantes y viajes. Su facebook le permite recibir una ducha de "¡Feliz cumpleaños, nena!" Twitter le permite hincarle el diente a los demás, mientras está sentado cómodamente en su habitación. LinkedIn le permite brillar frente al mundo entero escribiendo su currículum. El "gerente de flujo financiero de una gran empresa multinacional" en LinkedIn nunca es sólo un cajero de McDonald's. El "experto en cadenas de bloques y criptodivisas" es un aprendiz y el "analista de gestión de carteras de derivados de acciones de frente a fondo" es un desarrollador de PHP.

En política, Copo de Nieve está muy comprometido. Raramente abstencionista, el copo de nieve pone grandes esperanzas en el político. El político sustituye la mano protectora de los padres. Más que la generación anterior, los jóvenes nacidos después de 1980 creen en el poder de los políticos para cambiar su vida cotidiana. Aplica lo contrario de la famosa frase de JFK: "no te preguntes qué puede hacer tu país por ti, sino pregúntate qué puedes hacer tú por tu país". ¡Snowflake, por su país, no tiene absolutamente nada planeado! Hay que reconocer que hay algo individualista en la base del comportamiento de los copos de nieve. Aún apodada "generación que tengo derecho", la generación del copo de nieve cansa a la sociedad por su individualismo que va en contra del interés general. Proclaman el derecho a "tener un teléfono inteligente en el aula", el derecho a Wi-Fi, el derecho a escribir mal, el derecho a pagar menos, el derecho a reclamar su singularidad.

En realidad, después de cada elección, el copo de nieve es incapaz de aceptar la derrota para su lado. Tras la elección de Donald Trump o tras la victoria del Sí a Brexit, los jóvenes americanos o británicos hicieron lo que mejor saben hacer: gimotear y protestar. Sin ningún respeto por las reglas electorales, salieron a la calle para impugnar el resultado de la elección o el referéndum. Los americanos, en particular, usaron el eslogan "Donald Trump no es mi presidente". Así que creen que son dueños de las reglas del juego.

En cuestiones sociales y animales, la generación de los copos de nieve tiende a enterrar su cabeza en la arena. Ante una información perturbadora, prefieren taparse los oídos e incluso guardar rencor a la persona que proporciona la información. Esta postura refuerza el buen pensamiento. Esta generación es demasiado joven para desarrollar una mente crítica, por lo que optan, sin pensar, por los pensamientos más agradables, ya sean verdaderos o falsos:

- La inmigración es buena,
- Tienes que ser vegetariano,
- Todas las religiones son pacifistas,
- No hay barrios difíciles,
- Los políticos son honestos,
- El multiculturalismo es genial,
- Etc...

Para ilustrarlo, tomaré el ejemplo de las granjas de pollos donde los pequeños pollos machos son aplastados tan pronto como nacen porque son inútiles: su carne no es buscada y no ponen huevos. Esta información puede ser dolorosa de escuchar, pero sigue siendo verdad. Es precisamente sabiendo esto que podemos actuar o legislar. No escondiendo los ojos.

La resistencia también está en la paciencia. A veces una situación vergonzosa, agotadora o estresante es sólo temporal. A veces no hay nada que hacer para superarlos, otras veces no hay nada que hacer más que esperar. Una hora. Un día. Un mes. Un año. Pero los cerebros de la generación más joven van muy rápido y no están acostumbrados a la paciencia. Los milenios viven el momento. Nacen después del mando a distancia, después del horno microondas, después de la señal que indica el tiempo de espera para el metro o el autobús. ¡No quieren esperar en absoluto! Cosas que requerían esfuerzo en el pasado son accesibles en la punta del dedo ahora, gracias a las aplicaciones. No esperas a que se muestre una película en una fecha específica, la ves en Netflix. No esperas un medio de transporte, lo ordenas en Uber. No se busca un restaurante, se hace un pedido a Deliveroo.

Estas aplicaciones y tecnologías son admirables, pero de nuevo, tenemos que equilibrar las dos. No siempre somos consumidores. A veces tenemos que ser lo contrario: creadores. Y un creador tiene que ser paciente. A la generación de los copos de nieve hay que recordarle que sea paciente cuando no hay otra opción. No hay aplicaciones para acelerar el embarazo (o para quedar embarazada). No hay aplicaciones para curar más rápido una enfermedad. Así que tienes que aprender a reconocer lo que depende de la tecnología y lo que no.

Apropiación cultural

Uno de los caballos de batalla de los copos de nieve es la lucha contra la apropiación cultural. Este término ha adquirido una connotación negativa, popular en el panorama cultural americano, y tiende a ser importado a los países de habla francesa. Por lo tanto, la apropiación cultural se refiere ahora a veces a la idea de que el uso de elementos de una cultura por los miembros de una cultura "dominante" sería intrínsecamente irrespetuoso y constituiría una forma de opresión y expolio. Este concepto está en conflicto directo con la propensión de las culturas a alimentarse unas de otras, haciendo que las culturas se muevan y sean maleables a lo largo del tiempo. Luego hablamos de la interculturalidad. Por ejemplo, la saga americana La Guerra de las Galaxias se inspiró en elementos de La Fortaleza Oculta de Akira Kurosawa, a su vez inspirada en elementos de la obra de Shakespeare.

Desde el año 2010, parece que está prohibido que una persona de la cultura A se beneficie de las costumbres de una persona de la cultura B. Esta es una forma de hipersensibilidad de identidad nunca vista en la historia de la humanidad.

La frase que utilizan los copos de nieve para ilustrar su lucha contra la apropiación cultural es "Mi cultura no es tu vestido de baile", que se traduce al francés como "Ma culture ne doit pas être ta robe de bal".

Esta frase nació en la tierra de los copos de nieve, los Estados Unidos, un país que tiene dificultades para vivir en armonía con sus culturas y grupos étnicos (razas, dicen allí). Al final de cada año escolar, los americanos suelen participar en un baile de graduación, una velada general para todos los estudiantes de secundaria. En esta ocasión, las chicas llevan, a veces por primera vez en sus vidas, un hermoso vestido (el vestido del baile). Aquí es donde comienza el problema: cada chica tiene que ser extremadamente cuidadosa de llevar un vestido que esté "en sintonía" con su propia cultura, a riesgo de ser inmediatamente etiquetada como racista o de "apropiación cultural". Esto es lo que le ocurrió, el 23 de abril de 2018, a una joven blanca americana que no sintió el aluvión de insultos que recibiría por llevar un bonito vestido de seda roja. Este es el "qipao", también llamado "cheongsam", un hermoso vestido tradicional chino de seda. Está hecho de una sola pieza, y suele estar bastante apretado y cortado por los lados. Keziah, de 18 años, está radiante por esta noche, junto a su novio. Ella publica el objeto de su orgullo, una foto de ella usando el vestido, en Twitter. Unos minutos más tarde, un primer comentario cae sobre ella: "¡Mi cultura NO tiene que ser tu maldito vestido de graduación!" le dice lo que parece ser un chino-americano. Sorprendida, la chica respondió: "Respondo a los que provocan demasiada negatividad: no tengo ningún desprecio por la cultura china. Sólo quería mostrar mi admiración por esta cultura. Me niego a borrar esta foto porque no he hecho nada malo. Es sólo un vestido. .... Y es hermoso."

El 4 de septiembre de 2018, comienza de nuevo. La joven Megan Barton Hanson aparece en Instagram con el pelo trenzado. Aparentemente, el hecho de que sea blanca es un problema. Una batalla verbal hace estragos en su puesto: algunos la insultan, otros la acusan de mostrar un profundo desprecio por las mujeres negras. Por suerte, algunas personas mantienen la cabeza fría y se ponen de su lado.

Las mujeres famosas no escapan al fenómeno: Katy Perry disfrazada de geisha, Kylie Jenner con trenzas, Karlie Kloss con un tocado de india americana, Selena Gómez con un tilak (pequeño punto rojo en la frente de las mujeres indias), Beyoncé disfrazada de india, etc...

En los Estados Unidos, durante el año 2016, las madres están preocupadas por la violencia que podrían sufrir sus hijas si las disfrazaran de la pequeña Vaiana/Moana (un personaje polinesio).

¡Las tiendas de disfraces, ya no saben cómo reaccionar! Vestirse con el traje tradicional de otro país es su negocio.

Este concepto de delito de apropiación cultural es una nueva estupidez de los jóvenes americanos, pero que se extenderá gradualmente a Francia. No habrá forma de escapar de ello.

Los grupos étnicos más afectados son los negros, los asiáticos y los polinesios. El primero ya no puede tolerar que las mujeres blancas quieran usar trenzas. Los segundos sienten que tienen el monopolio de la ropa de seda y los terceros están irritados por la moda de los tatuajes polinesios que usan los blancos.

Estas reacciones indignadas de parte de los copos de nieve muestran lo terriblemente racistas que pueden llegar a ser. Una forma de totalitarismo suave se apodera de ellos: el copo de nieve, por su mirada indignada, se convierte en un agresor en sí mismo, especialmente en las redes sociales.

Sería interesante devolver el concepto de apropiación cultural a sus propios detractores pidiéndoles que retiren de su vida cotidiana todo lo que no es propio de su cultura. Me refiero a quitar el expreso de la mañana, la hamburguesa del almuerzo, su bolsa de Chanel, sus croissants. Pero también prohibir a la gente comer sushi, prohibir el alisado del cabello, prohibir los diseños escoceses fuera de Escocia, prohibir la cirugía de mama, etc. Si no prestamos atención a este estúpido fenómeno, se prohibirá el bronceado para los blancos y el rizador de pelo para los asiáticos. El día de San Patricio, no habrá más que irlandeses en las calles.

La situación podría volverse mucho más ridícula en los próximos años. Incluso nos arriesgamos a una especie de contragolpe de identidad que perjudicará a todos. Si un día los blancos empiezan a recordar al mundo todo lo que las culturas europeas han aportado a la humanidad (a veces a la fuerza, a veces no), lo pasaremos muy mal.

Este movimiento de antiapropiación cultural debe ser detenido con urgencia, e incluso la mezcla de las diferentes culturas del mundo debe ser acelerada y celebrada.

Sus hijos

Está claro que los copos de nieve son niños mal preparados para la vida adulta. Pero cuando ellos mismos se conviertan en padres, ¿qué harán?

En primer lugar, en el tema del humor, en mi opinión, es probable que la línea de autocensura continúe. Es difícil imaginar que la sociedad occidental se eche atrás. El humor está perdiendo terreno día a día, sacrificado en el altar de la justicia propia. Este movimiento me parece irreversible. Los humoristas tienen que caminar sobre cáscaras de huevo para hacer su trabajo. Ya deben evitar hablar del color de la piel, la religión, la robustez, las discapacidades, las nacionalidades, la homosexualidad, los pobres, las mujeres, las relaciones hombre-mujer. En el futuro, su suelo estará aún más minado. En 2018, el debate público

54

está empezando a tomar fuerza sobre temas que habrían sido inimaginables hace sólo unos años:

- El vegetarianismo,
- El origen de los nombres de pila,
- Besar a una mujer que conoces por primera vez,
- Darles nalgadas a los niños,
- Separación de los baños de hombres y mujeres,
- Acentos regionales,
- Sitios de noticias satíricas,
- Aprender árabe en la escuela,
- Teoría de género,
- El concepto de apropiación cultural,
- Los animales actúan en los circos.

Es probable que la sociedad se esté volviendo más y más tensa sobre todo y nada. Si todo el humor y el debate público se vacía de su sustancia, sólo se dejará a los tontos enfrentarse al pensamiento correcto. Los otros se convertirán en puntos de venta pagados. Los medios de comunicación libres o demasiado abiertos como la televisión, los sitios web, los anuncios en el metro o los grandes espectáculos parisinos no tendrán profundidad.

El debate sin censura se esconderá detrás de plataformas privadas y/o pagadas como Netflix o HBO. Ya hoy en día, para reírse de un sketch de Les Inconnus o Coluche, hay que recurrir a YouTube porque la televisión ya no quiere oír hablar de estos "racistas".

Por otro lado, debido a su falta de resistencia, los copos de nieve probablemente darán a sus hijos una educación totalmente diferente a la que recibieron. Vergonzoso haber sido tan poco valiente como adultos, los copos de nieve de hoy no cometerán los mismos errores con sus hijos. Los prepararán mucho mejor para la vida. Los criarán "por las malas" diciéndoles "ya me conoces, sufrí demasiado cuando era joven, así que tengo que educarte severamente". Se cerrará el círculo.

La generación de los copos de nieve también se puede ver positivamente. Debido a su fragilidad, esta generación tiene más posibilidades de lograr reducir la discriminación, la violencia y la contaminación que sus predecesores. Podemos esperar, gracias a ellos, un mundo menos brutal. Podemos esperar una disminución de los actos de violencia como, por ejemplo, el acoso escolar. Como resultado, podemos imaginar una disminución de los problemas mentales relacionados con el estrés postraumático.

Anti-copos de nieve

La generación de los copos de nieve no puede generalizarse a todas las personas nacidas después de 1980. Entre ellos, muchos empiezan a molestarse por la fragilidad de sus compañeros de los copos de nieve.

En la Web, la ola de indignación de los copos de nieve es parodiada y burlada por gente de la misma edad.

Para un sí o un no, los copos de nieve dicen que están "conmocionados", "ofendidos", "heridos" o "offended" en inglés. A esto, otros responden con un humor mordaz: "Me ofende que estés ofendido" ("I'm offended that you are offended").

Otros permanecen incrédulos y escriben "Y un día, sin saber por qué, nos sorprendió todo y cualquier cosa".

El copo de nieve se ha convertido incluso en un disfraz de Halloween: consiste en una camiseta transparente envuelta en burbujas con etiquetas de "Frágil" y "Manos con cuidado" pegadas. Tienes que añadir una gorra de "Estoy ofendido" y caminar suavemente con un mohín de mal humor.

Esta contracultura más cínica y menos frágil existe dentro de las mismas generaciones Y y Z. Encuentra su punto de encuentro en las redes sociales o en el sarcástico sitio humorístico 9gag.com.

En algunos memes anti-copos de nieve, se puede ver a un joven yendo a ver a un psicólogo porque su maestro o su empleador le dijo algo que lo ofendió. El terapeuta dice: "Bien, voy a recetarte un par de testículos.

Otros se lamentan: "Vivimos en una generación de gente emocionalmente débil. Todo tiene que ser desinfectado porque es ofensivo, incluso la verdad."

En literatura, el autor Trey Willis ha publicado en 2014, el libro "El efecto copo de nieve - Cómo el movimiento de autoestima arruinó una generación".

La periodista Claire Fox escribió el libro "I Find That Offensive! (¡Me parece ofensivo!) para criticar la deriva de los copos de nieve.

Fuentes

Artículo "La generación de los copos de nieve: ¿también difícil de manejar?"
https://www.myrhline.com/actualite-rh/la-generation-snowflake-egalement-difficile-a-manager.html

Página de Wikipedia para "Generación (sociología)"
https://fr.wikipedia.org/wiki/G%C3%A9n%C3%A9ration_(sociología)

La página de Wikipedia de "Wilhelm Dilthey"
https://fr.wikipedia.org/wiki/Wilhelm_Dilthey

"Club de la lucha", página de Wikipedia.
https://fr.wikipedia.org/wiki/Fight_Club_(film)

Película "Club de la lucha"

https://www.amazon.fr/Fight-club-Brad-
Pitt/dp/B00005AV4N/ref=sr_1_2?s=dvd&ie=UTF8&
qid=15430809228sr=1-2&keywords=fight+club

"Moralidad victoriana", página de Wikipedia.
https://en.wikipedia.org/wiki/Victorian_morality

La página de Wikipedia de "Helicopter Parent"
https://fr.wikipedia.org/wiki/Parent_h%C3%A9licop
t%C3%A8re

Artículo "AUNQUE LA PALABRA NEGRA SE
CONVIerta en TABOO, ES PURA FOLIE"
https://next.liberation.fr/vous/2007/12/10/meme-
le-mot-noir-devient-tabou-c-est-de-la-pure-
folie_108193

Boceto de los extraños "El Hospital"
https://www.youtube.com/watch?v=RFLxu5_m3r8

"Generación Copo de Nieve", página de Wikipedia.
https://en.wikipedia.org/wiki/Generation_Snowflak
e

La página de Wikipedia de "Blackface"
https://fr.wikipedia.org/wiki/Blackface

Página de Wikipedia de "Vaiana, la leyenda del fin
del mundo".
https://fr.wikipedia.org/wiki/Vaiana,_la_L%C3%A9
gende_du_bout_du_monde#R%C3%A9actions_sur_la
_repr%C3%A9sentation_des_cultures_polyn%C3%A9
siennes

"Homosexualidad" página de Wikipedia.

https://fr.wikipedia.org/wiki/Homosexualit%C3%A9

La página de Wikipedia "Grossophobia".
https://fr.wikipedia.org/wiki/Grossophobie

Artículo "Individualismo, rechazo de la autoridad...
Encuesta sobre la generación "Tengo el derecho".
http://www.leparisien.fr/fait-du-
jour/individualisme-rejet-de-l-autorite-enquete-sur-
la-generation-j-ai-le-droit-16-01-2018-7502937.php

Página de Wikipedia de la "Lista de Ministros de
Ecología Franceses"
https://fr.wikipedia.org/wiki/Liste_des_ministres_fr
an%C3%A7ais_de_l%27%C3%89cologie

Página de Wikipedia para "Humane Society"
https://fr.wikipedia.org/wiki/Soci%C3%A9t%C3%A
9_protectrice_des_animaux

Página de Wikipedia de "Band Aid".
https://fr.wikipedia.org/wiki/Band_Aid

"Somos el mundo", página de Wikipedia.
https://fr.wikipedia.org/wiki/We_Are_the_World

La página de Wikipedia de "No toques a mi amigo".
https://fr.wikipedia.org/wiki/Touche_pas_%C3%A0
_mon_pote

Página de Wikipedia de "Les Restos du coeur"
https://fr.wikipedia.org/wiki/Les_Restos_du_c%C5
%93ur

La página de Wikipedia de "Derechos del Niño"

https://fr.wikipedia.org/wiki/Droits_de_l%27enfant

Sitio Vie Publique
http://www.vie-publique.fr/politiques-
publiques/politique-handicap/chronologie/

"El mono más genial de la selva: H&M se disculpa
por la polémica foto".
https://www.rtbf.be/info/societe/detail_coolest-
monkey-in-the-jungle-h-m-presente-ses-excuses-
pour-une-photo-polemique?id=9805553

Artículo "Cada año, se sacrifican casi 50 millones de
pollos."
https://www.lemonde.fr/planete/article/2015/08/1
0/des-parlementaires-se-mobilisent-contre-le-
broyage-de-poussins-vivants_4719250_3244.html

Artículo "¿Nuestra generación es "inadecuada" para
el mundo del trabajo? El brillante análisis de Simon
Sinek"
http://www.madmoizelle.com/millenials-monde-
travail-simon-sinek-698609

Video de Youtube "Anuncio de lavandería chino
racista de Qiaobi (Mayo 2016)"
https://www.youtube.com/watch?v=lT6AZX55ZGE

Página de Wikipedia de "Generación silenciosa"
https://fr.wikipedia.org/wiki/G%C3%A9n%C3%A9r
ation_silencieuse

La página de Wikipedia de los "Baby boomers"
https://en.wikipedia.org/wiki/Baby_boomers

Página de Wikipedia de la "Generación X"

https://fr.wikipedia.org/wiki/G%C3%A9n%C3%A9r
ation_X

La página de Wikipedia de la "Generación Perdida".
https://fr.wikipedia.org/wiki/G%C3%A9n%C3%A9r
ation_perdue

La página de Wikipedia de la "Generación Y".
https://fr.wikipedia.org/wiki/G%C3%A9n%C3%A9r
ation_Y

La página de Wikipedia de la "Generación Z".
https://en.wikipedia.org/wiki/Generation_Z

Página de Wikipedia de "Storytelling (técnica)"
https://fr.wikipedia.org/wiki/Storytelling_(técnico)

Traje Milenario ofendido
https://me.me/i/im-offended-ragi-millennial-fragile-
fwd-my-halloween-costume-was-3726178

La página de Wikipedia de "Apropiación Cultural"
https://fr.wikipedia.org/wiki/Appropriation_culturel
le

Artículo "Mi cultura no es tu vestido de graduación:
El qipao de un adolescente estadounidense provoca
una fila de "apropiación cultural" en Twitter"
https://www.thestar.com.my/news/world/2018/05
/02/my-culture-is-not-your-prom-dress-us-teens-
qipao-sparks-cultural-appropriation-row-on-
twitter/#yUA03mutP3i1zyVw.99"

Artículo "El beso de Katy Perry a la concursante de
19 años de American Idol causa controversia".

https://www.20minutes.fr/television/2238031-
20180315-video-bisou-katy-perry-candidat-
american-idol-19-ans-fait-polemique

Artículo "Generación Copo de Nieve: cómo
entrenamos a nuestros hijos para ser llorones
censuradores"
https://www.spectator.co.uk/2016/06/generation-
snowflake-how-we-train-our-kids-to-be-censorious-
cry-babies/

Artículo "Se mantiene el uniforme rojo de la Primaria
Oriental a pesar de las afirmaciones de que hace a
los niños hiperactivos"
https://www.eveningtelegraph.co.uk/fp/eastern-
primary-red-uniform-kept-despite-claims-made-
kids-hyper/

El autor

Lionel Bolnet es un ingeniero informático y escritor francés, nacido el 14 de julio de 1984. También es el autor de:

- Las Maldivas,
- Las Vegas: Historia y Arquitectura,
- Entender Sybase ASE 15.7,
- Copias de seguridad.

Debido a su experiencia personal y a su edad, puede ser considerado el copo de nieve que mejor conoce.

www.ingramcontent.com/pod-product-compliance
Lightning Source LLC
Chambersburg PA
CBHW051413250726
48655CB00003B/1027